AF175460

Impressum
Verlag: BABADADA GmbH, Nedderfeld 112 , 22529 Hamburg
Geschäftsführer / Verlagsleitung: Harald Hof
Druck: Books on Demand GmbH, In de Tarpen 42, 22848 Norderstedt

Imprint
Publisher: BABADADA GmbH, Nedderfeld 112 , 22529 Hamburg, Germany
Managing Director / Publishing direction: Harald Hof
Print: Books on Demand GmbH, In de Tarpen 42, 22848 Norderstedt

ysgol
l'école

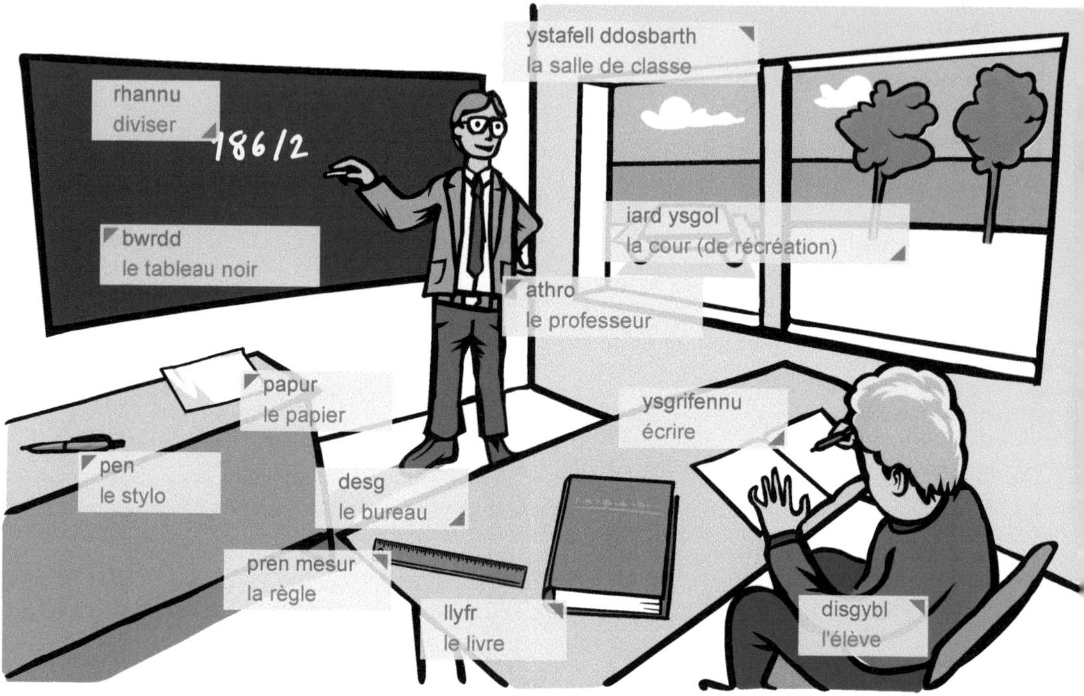

ystafell ddosbarth
la salle de classe
rhannu
diviser
186/2
bwrdd
le tableau noir
iard ysgol
la cour (de récréation)
athro
le professeur
papur
le papier
ysgrifennu
écrire
pen
le stylo
desg
le bureau
pren mesur
la règle
llyfr
le livre
disgybl
l'élève

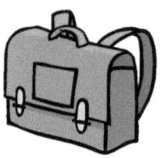

bag ysgol

le cartable

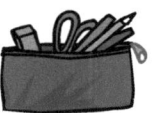

blwch penselau

la trousse

pensil

le crayon

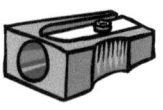

miniwr

le taille-crayon

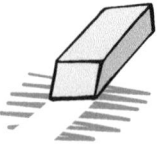

rwber

la gomme

pad arlunio

le carnet à dessin

draw

le dessin

brws paent

le pinceau

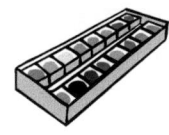

blwch paent

la boîte de peinture

siswrn

les ciseaux

glud

la colle

llyfr ysgrifennu

le cahier d'exercices

gwaith cartref

les devoirs

12

rhif

le chiffre

2+2

ychwanegu

additionner

5-2

tynnu

soustraire

2×2

lluosi

multiplier

cyfrifo

calculer

A

llythyren

la lettre

ABCDEFG
HIJKLMN
OPQRSTU
VWXYZ

gwyddor

l'alphabet

hello

gair

le mot

testun

le texte

darllen

lire

sialc

la craie

gwers

la leçon

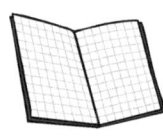

cofrestr

le livre de classe

arholiad

l'examen

tystysgrif

le certificat

gwisg ysgol

l'uniforme scolaire

addysg

la formation

gwyddoniadur

le lexique

prifysgol

l'université

microsgop

le microscope

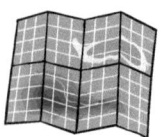

map

la carte

basged papur gwastraff

la corbeille à papier

gwesty
l'hôtel

Grand

hostel
l'auberge

ROOMS

swyddfa gyfnewid
le bureau de change

ÉCHANGE

cês dillad
la valise

car
la voiture

iaith
la langue

ie / na
oui / non

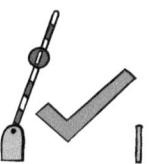

iawn
d'accord

helo
Salut

cyfieithydd
l'interprète

Diolch yn fawr
merci

faint yw ...?

Combien coûte...?

Dw i ddim yn deall

Je ne comprends pas

problem

le problème

Noswaith dda!

Bonsoir !

Bore da!

Bonjour !

Nos da!

Bonne nuit !

hwyl

Au revoir

cyfarwyddyd

la direction

bagiau

les bagages

bag

le sac

gwarbac

le sac-à-dos

gwestai

l'hôte

ystafell

la pièce

sach gysgu

le sac de couchage

pabell

la tente

gwybodaeth i ymwelwyr

l'office de tourisme

traeth

la plage

cerdyn credyd

la carte de crédit

brecwast

le petit-déjeuner

cinio

le déjeuner

swper

le dîner

tocyn

le billet

lifft

l'ascenseur

stamp

le timbre

ffin

la frontière

tollau

la douane

llysgenhadaeth

l'ambassade

fisa

le visa

pasbort

le passeport

cludiant

le transport

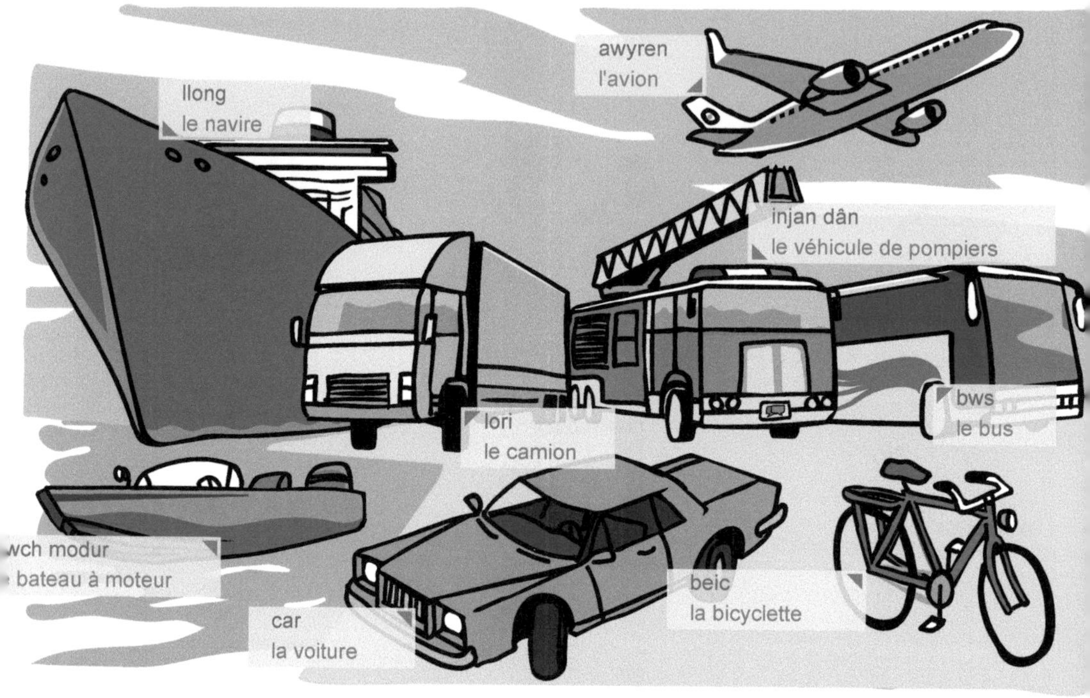
awyren
l'avion
llong
le navire
injan dân
le véhicule de pompiers
bws
le bus
lori
le camion
wch modur
bateau à moteur
beic
la bicyclette
car
la voiture

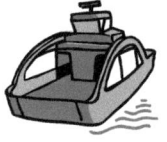

fferi

le ferry

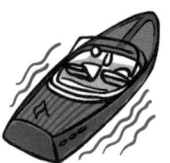

cwch

la barque

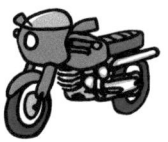

beic modur

la moto

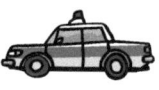

car yr heddlu

la voiture de police

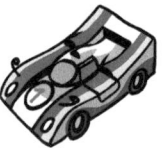

car rasio

la voiture de course

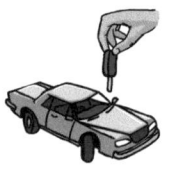

car wedi'i rentu

la voiture de location

rhannu car

l'auto-partage

lori tynnu

la voiture de remorquage

lori ysbwriel

la benne à ordures

modur

le moteur

tanwydd

l'essence

gorsaf betrol

la station d'essence

arwydd traffig

le panneau indicateur

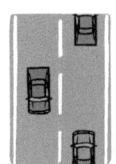

traffig

le trafic

tagfa draffig

l'embouteillage

maes parcio

le parking

gorsaf drennau

la gare

traciau

les rails

trên

le train

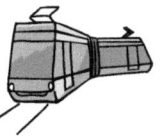

tram

le tramway

wagen

le wagon

hofrennydd

l'hélicoptère

maes awyr

l'aéroport

twr

la tour

teithiwr

le passager

cynhwysydd

le conteneur

paced

le carton

cert

le chariot

basged

la corbeille

esgyn / glanio

décoller / atterrir

dinas

la ville

pentref

le village

canol y ddinas

le centre-ville

tŷ

la maison

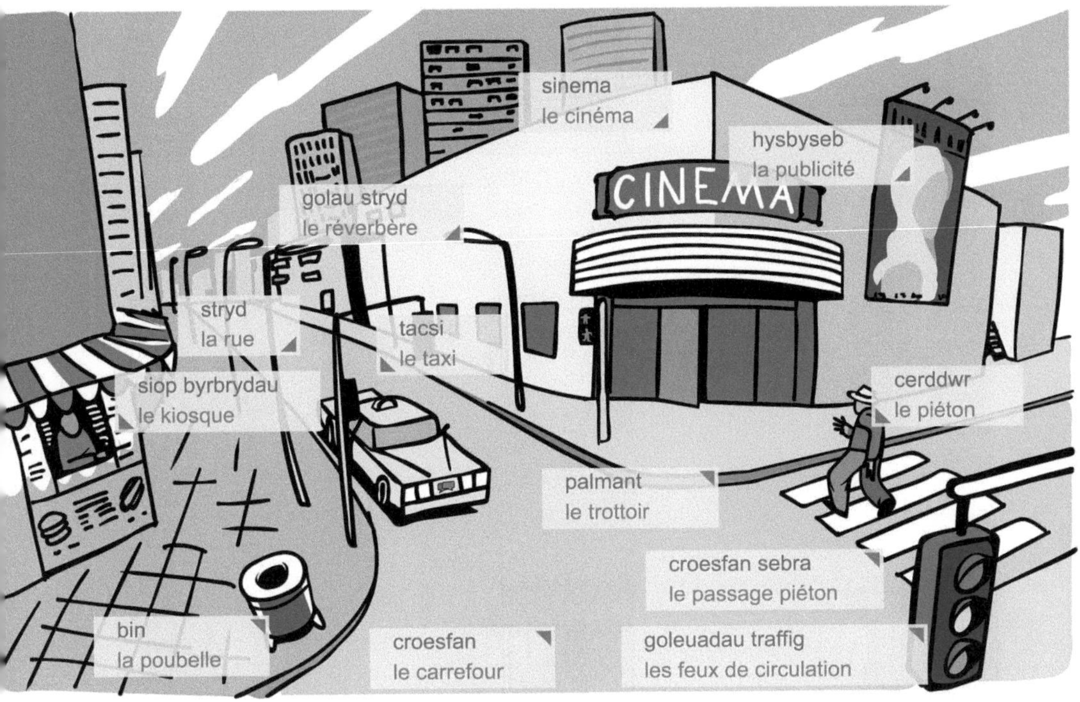

sinema
le cinéma

hysbyseb
la publicité

golau stryd
le réverbère

CINEMA

stryd
la rue

tacsi
le taxi

cerddwr
le piéton

siop byrbrydau
le kiosque

palmant
le trottoir

croesfan sebra
le passage piéton

bin
la poubelle

croesfan
le carrefour

goleuadau traffig
les feux de circulation

cwt
la cabane

fflat
l'appartement

gorsaf drennau
la gare

neuadd y dref
la mairie

amgueddfa
le musée

ysgol
l'école

prifysgol

l'université

banc

la banque

ysbyty

l'hôpital

gwesty

l'hôtel

fferyllfa

la pharmacie

swyddfa

le bureau

siop lyfrau

la librairie

siop

le magasin

siop flodau

le fleuriste

archfarchnad

le supermarché

farchnad

le marché

siop adrannol

le grand magasin

siop bysgod

la poissonnerie

canolfan siopa

le centre commercial

harbwr

le port

parc

le parc

banc

la banque

pont

le pont

grisiau

les escaliers

rheilffordd danddaearol

le métro

twnnel

le tunnel

safle bws

l'arrêt de bus

bar

le bar

bwyty

le restaurant

blwch post

la boîte à lettres

arwydd stryd

le panneau indicateur

mesurydd parcio

le parcmètre

sŵ

le zoo

pwll nofio

le réverbère

mosg

la mosquée

fferm

la ferme

llygredd

la pollution

mynwent

la cimetière

eglwys

l'église

maes chwarae

l'aire de jeux

teml

le temple

tirwedd
le paysage

deilen
la feuille

arwydd cyfeirio
le panneau indicateur

ffordd
le chemin

dôl
le pré

carreg
la pierre

heiciwr
le randonneur

coeden
l'arbre

afon
la rivière

glaswellt
l'herbe

blodyn
la fleur

cwm
la vallée

bryn
la montagne

llyn
le lac

coedwig
la forêt

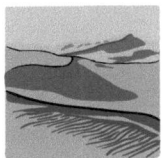

anialwch
le désert

llosgfynydd
le volcan

castell
le château

enfys
l'arc-en-ciel

madarchen
le champignon

palmwydden
le palmier

mosgito
le moustique

pryf
la mouche

morgrugyn
les fourmis

gwenyn
l'abeille

pryf copyn
l'araignée

tirwedd - le paysage

chwilen

le coléoptère

llyffant

la grenouille

gwiwer

l'écureuil

draenog

le hérisson

ysgyfarnog

le lièvre

tylluan

la chouette

aderyn

l'oiseau

alarch

le cygne

baedd

le sanglier

carw

le cerf

elc

l'élan

argae

le barrage

tyrbin gwynt

l'éolienne

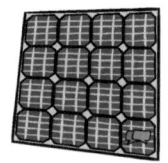

panel haul

le panneau solaire

hinsawdd

le climat

bwyty
le restaurant

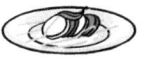

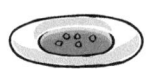

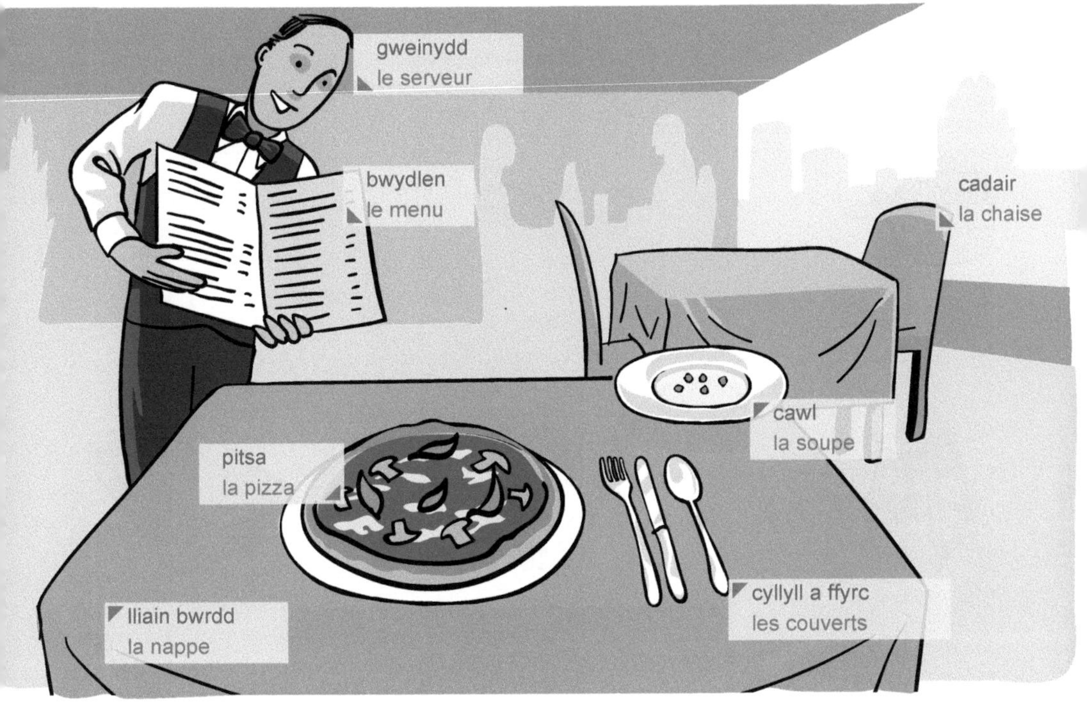
gweinydd
le serveur
bwydlen
le menu
cadair
la chaise
cawl
la soupe
pitsa
la pizza
cyllyll a ffyrc
les couverts
lliain bwrdd
la nappe

cwrs cyntaf

les hors d'œuvre

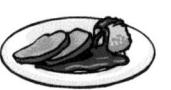

prif gwrs

le plat principal

pwdin

le dessert

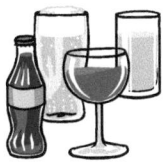

diodydd

les boissons

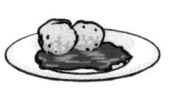

bwyd

l'alimentation

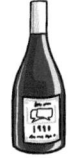

potel

la bouteille

bwyd cyflym

le fast-food

bwyd y stryd

les plats à emporter

tebot

la théière

powlen siwgr

le sucrier

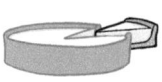

dogn

la portion

peiriant espresso

la machine à expresso

cadair plentyn

la chaise haute

bil

la facture

hambwrdd

le plateau

cyllell

le couteau

fforc

la fourchette

llwy

la cuillère

llwy de

la cuillère à thé

napcyn

la serviette

gwydr

le verre

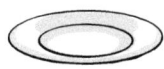

plât
l'assiette

plât cawl
l'assiette à soupe

soser
la soucoupe

saws
la sauce

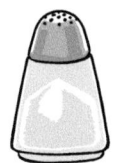

pot halen
la salière

melin bupur
le moulin à poivre

finegr
le vinaigre

olew
l'huile

sbeisys
les épices

saws coch
le ketchup

mwstard
la moutarde

mayonnaise
la mayonnaise

archfarchnad

le supermarché

cynnig arbennig
l'offre promotionnelle
FOR
cwsmer
le client
cynnyrch llaeth
les produits laitiers
ffrwythau
les fruits
troli
le chariot

BUTCHERS

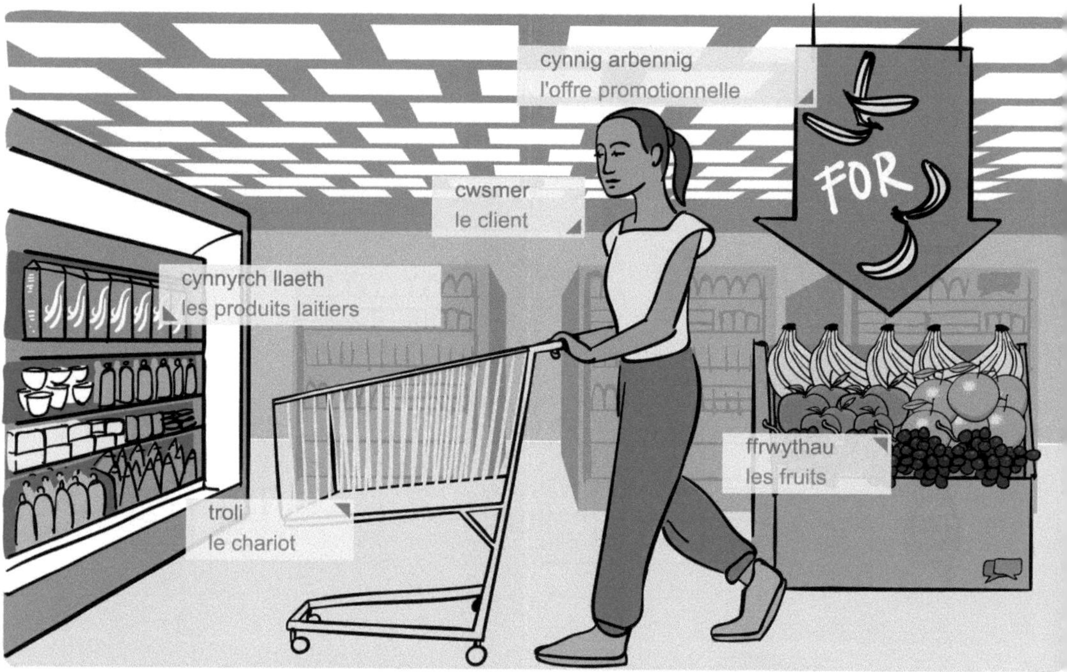

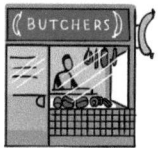

siop gig

la boucherie

BAKERY

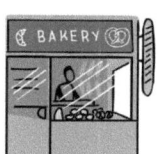

siop fara

la boulangerie

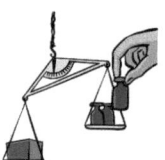

pwyso

peser

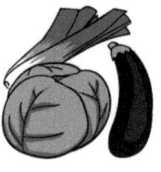

llysiau

les légumes

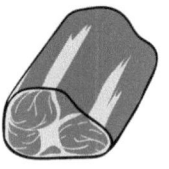

cig

la viande

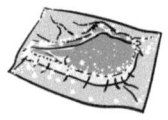

Bwyd wedi'i rewi

les aliments surgelés

cig oer

la charcuterie

bwyd tun

les conserves

powdr golchi

la poudre à lessive

da-da

les bonbons

cynnyrch cartref

les articles ménagers

cynhyrchion glanhau

les détergents

gwerthwraig

la vendeuse

til

la caisse

ariannwr

le caissier

rhestr siopa

la liste d'achats

oriau agor

les heures d'ouverture

waled

le portefeuille

cerdyn credyd

la carte de crédit

bag

le sac

bag plastig

le sac en plastique

dŵr

l'eau

sudd

le jus de fruit

llefrith

le lait

côc

le coca

gwin

le vin

cwrw

la bière

alcohol

l'alcool

coco

le chocolat chaud

te

le thé

coffi

le café

espresso

l'expresso

cappuccino

le cappuccino

banana

la banane

afal

la pomme

oren

l'orange

melon

le melon

lemwn

le citron.

moronen

la carotte

garlleg

l'ail

bambŵ

le bambou

nionyn

l'oignon

madarchen

le champignon

cnau

les noisettes

nwdls

les pâtes

sbageti

les spaghetti

reis

le riz

salad

la salade

sglodion

les pommes frites

tatws wedi'u ffrïo

les pommes de terre rôties

pitsa

la pizza

hambyrger

le hamburger

brechdan

le sandwich

cytled

l'escalope

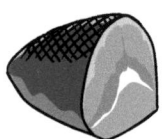

ham

le jambon

salami

le salami

selsig

la saucisse

cyw iâr

le poulet

rhost

le rôti

pysgodyn

le poisson

ceirch uwd

les flocons d'avoine

miwsli

le muesli

creision ŷd

les cornflakes

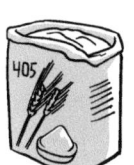

blawd

la farine

croissant

le croissant

bynsen

les petits-pains

bara

le pain

tost

le pain grillé

bisgedi

les biscuits

menyn

le beurre

ceuled

le fromage blanc

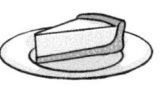

teisen

le gâteau

wy

l'œuf

wy wedi'i ffrïo

l'œuf au plat

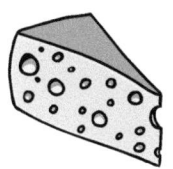

caws

le fromage

hufen iâ

la glace

siwgr

le sucre

mêl

le miel

jam

la confiture

siocled taenu

la crème nougat

cyri

le curry

ffermdy
la ferme

ysgubor
la grange

bwrn gwellt
la botte de paille

maes
le champ

ceffyl
le cheval

ôl-gerbyd
la remorque

tractor
le tracteur

asyn
l'âne

ebol
le poulain

dafad
le mouton

oen
l'agneau

gafr

la chèvre

buwch

la vache

llo

le veau

mochyn

le porc

porchell

le porcelet

tarw

le taureau

gwydd

l'oie

hwyaden

le canard

cyw

le poussin

iâr

la poule

ceiliog

le coq

llygoden fawr

le rat

cath

le chat

llygoden

la souris

ych

le bœuf

ci

le chien

cwt ci

le chenil

pibell ddŵr

le tuyau de jardin

can dŵr

l'arrosoir

pladur

la faucheuse

aradr

la charrue

cryman

la faucille

fforch chwynu

la pioche

picwarch

la fourche

bwyell

la hache

berfa

la brouette

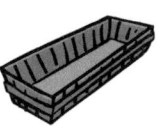

cafn

la cuve

tun llefrith

le pot à lait

sach

le sac

ffens

la clôture

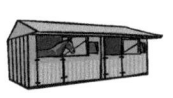

stabl

l'étable

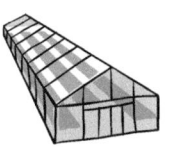

tŷ gwydr

le serre

pridd

le sol

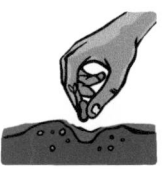

hedyn

les semences

gwrtaith

l'engrais

dyrnwr medi

la moissonneuse-batteuse

 fferm - la ferme

cynaeafu

récolter

cynhaeaf

la récolte

iamau

l'igname

gwenith

le blé

soi

le soja

tysen

la pomme de terre

grawn

le maïs

had rêp

le colza

coeden ffrwythau

l'arbre fruitier

manioc

le manioc

grawnfwydydd

les céréales

tŷ
la maison

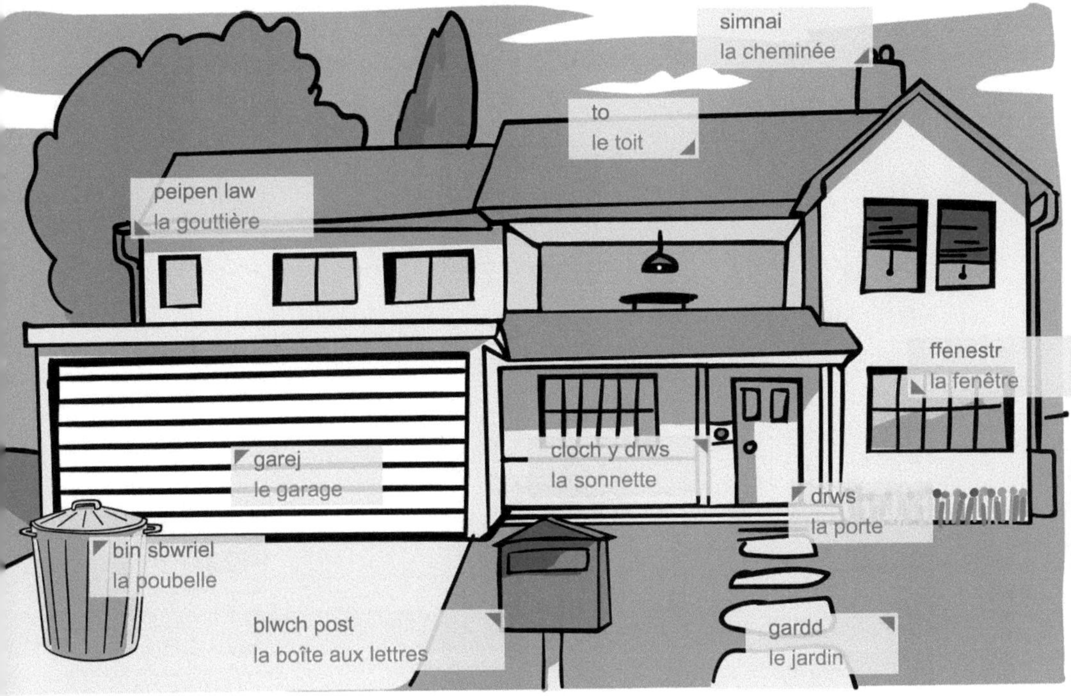

simnai
la cheminée
to
le toit
peipen law
la gouttière
ffenestr
la fenêtre
garej
le garage
cloch y drws
la sonnette
drws
la porte
bin sbwriel
la poubelle
blwch post
la boîte aux lettres
gardd
le jardin

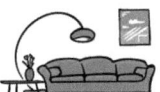

lolfa

le salon

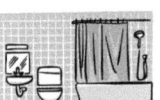

ystafell ymolchi

la salle de bain

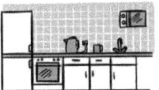

cegin

la cuisine

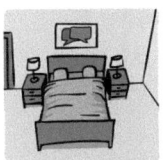

ystafell wely

la chambre à coucher

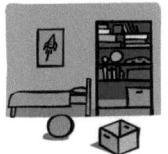

ystafell plentyn

la chambre d'enfant

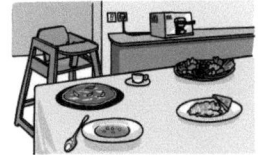

ystafell fwyta

la salle à manger

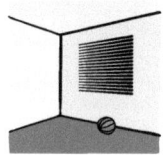

llawr

le sol

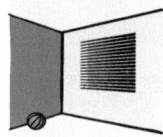

wal

le mur

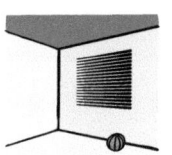

nenfwd

le plafond

seler

la cave

sawna

le sauna

balconi

le balcon

teras

la terrasse

pwll

la piscine

peiriant torri gwair

la tondeuse à gazon

taflen

la housse

gorchudd gwely

la couette

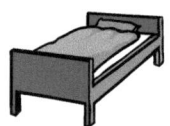

gwely

le lit

ysgub

le balai

bwced

le sceau

swits

l'interrupteur

lolfa

le salon

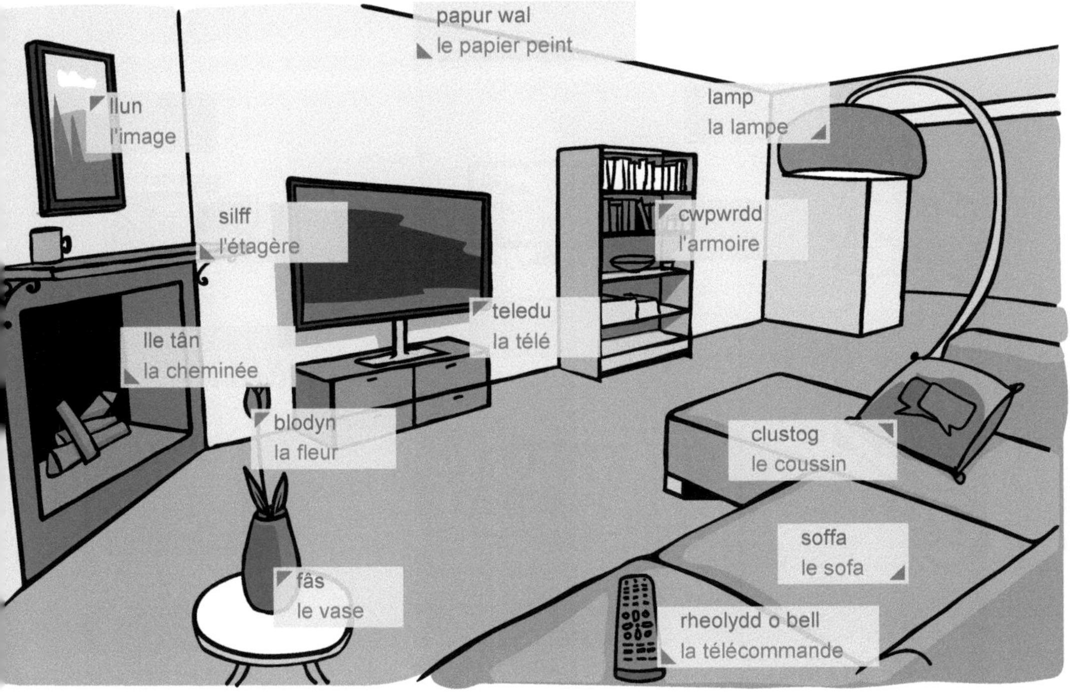
papur wal
le papier peint
llun
l'image
lamp
la lampe
silff
l'étagère
cwpwrdd
l'armoire
teledu
la télé
lle tân
la cheminée
blodyn
la fleur
clustog
le coussin
soffa
le sofa
fâs
le vase
rheolydd o bell
la télécommande

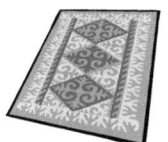

carped

le tapis

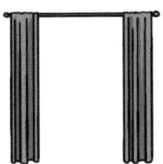

llen

le rideau

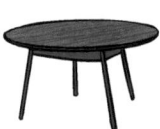

bwrdd

la table

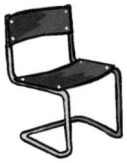

cadair

la chaise

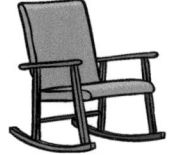

cadair siglo

la chaise à bascule

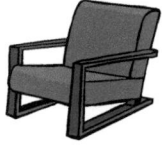

cadair freichiau

le fauteuil

llyfr

le livre

blanced

la couverture

addurn

la décoration

coed tân

le bois de chauffage

ffilm

le film

hi-fi

la chaîne hi-fi

agoriad

la clé

papur newydd

le journal

darlun

la peinture

poster

le poster

radio

la radio

llyfr nodiadau

le bloc-notes

hwfer

l'aspirateur

cactws

le cactus

cannwyll

la bougie

cegin
la cuisine

oergell
le réfrigérateur
popty micro-don
le four à micro-ondes
clorian gegin
la balance de cuisine
tostiwr
le grille-pain
gwlybwr
le détergent
popty
le four
rhewgist
le compartiment congélateur
bin sbwriel
la poubelle
peiriant golchi llestri
le lave-vaisselle

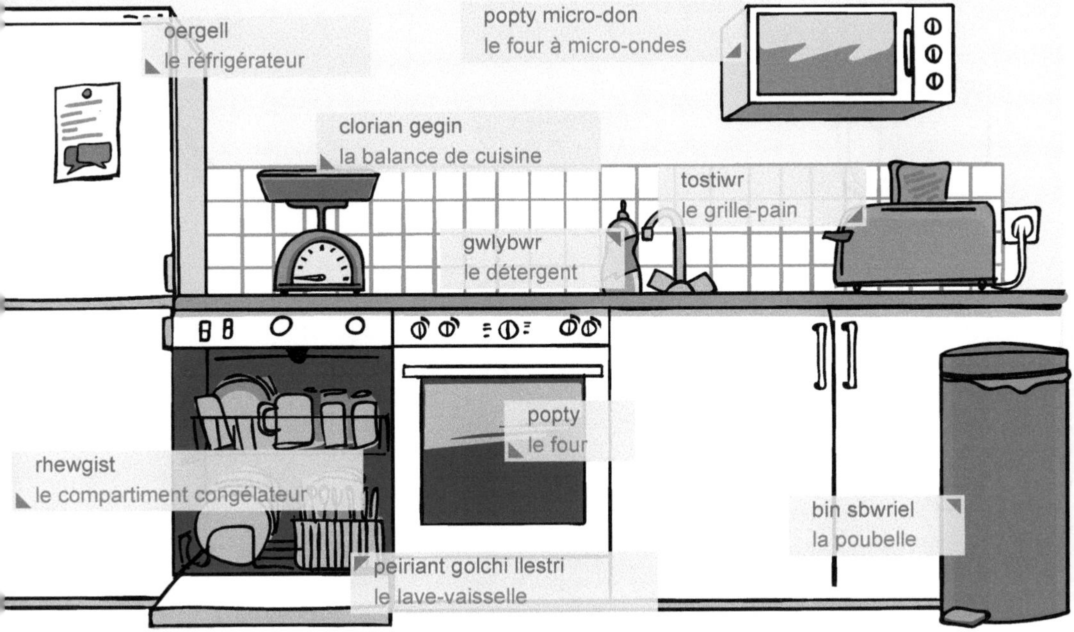

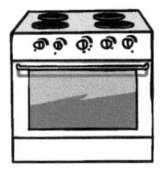

popty

le four

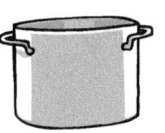

pot

la casserole

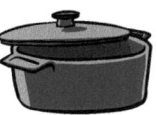

pot haearn bwrw

la marmite

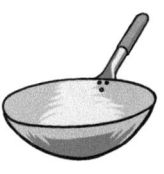

wok / kadai

le wok / kadai

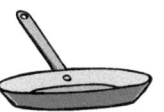

padell

la poêle

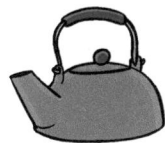

tegell

la bouilloire electrique

sosban stemio

le cuiseur vapeur

hambwrdd pobi

la plaque de cuisson

llestri

la vaisselle

mwg

le gobelet

powlen

la coupe

gweill bwyta

les baguettes

lletwad

la louche

ysbodol

la spatule

chwisg

le fouet

hidlydd

la passoire

gogr

le tamis

gratiwr

la râpe

morter

le mortier

barbeciw

le barbecue

tân agored

la cheminée

bwrdd torri cig

la planche à découper

rholbren

le rouleau à pâtisserie

tynnwr corcyn

le tire-bouchon

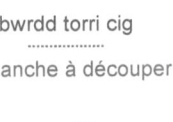

tun

la boîte

peth agor tuniau

l'ouvre-boîte

clwt pot

les maniques

sinc

le lavabo

brws

la brosse

sbwng

l'éponge

peiriant cymysgu

le mixeur

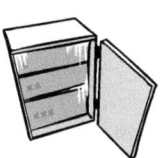

rhewgell

le congélateur

potel babi

le biberon

tap

le robinet

cegin - la cuisine

ystafell ymolchi

la salle de bain

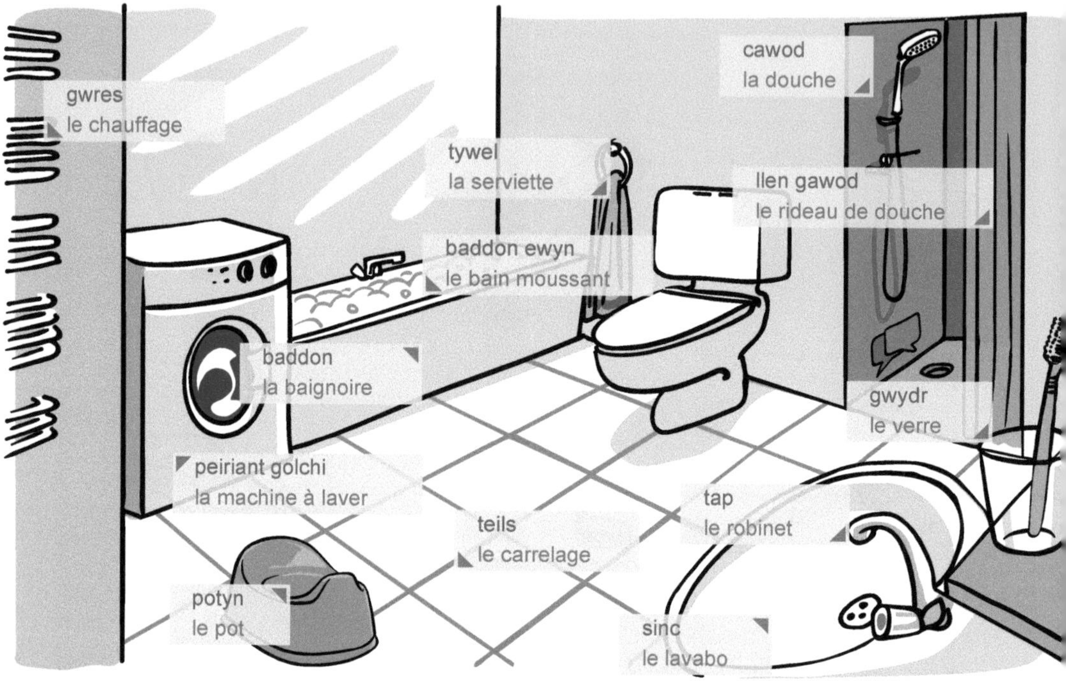

gwres
le chauffage
cawod
la douche
tywel
la serviette
llen gawod
le rideau de douche
baddon ewyn
le bain moussant
baddon
la baignoire
gwydr
le verre
peiriant golchi
la machine à laver
tap
le robinet
teils
le carrelage
potyn
le pot
sinc
le lavabo

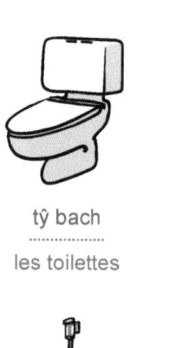

tŷ bach

les toilettes

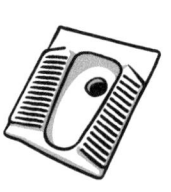

toiled cyrcydu

la toilette à la turque

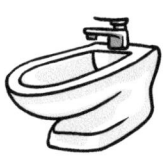

bidet

le bidet

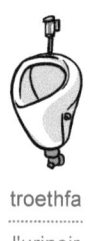

troethfa

l'urinoir

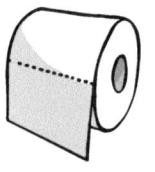

papur tŷ bach

le papier toilette

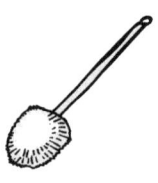

brws tŷ bach

la brosse à toilette

brws dannedd

la brosse à dents

past dannedd

le dentifrice

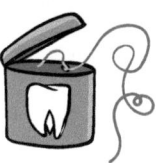

edau ddannedd

le fil dentaire

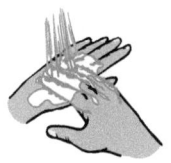

golchi

laver

cawod llaw

la douche manuelle

golchfa

la douche intime

basn

la vasque

brws-ôl

la brosse dorsale

sebon

le savon

gel cawod

le gel douche

siampŵ

le shampooing

gwlanen

le gant de toilette

ffos

l'écoulement

hufen

la crème

diaroglydd

le déodorant

drych

le miroir

drych llaw

le miroir cosmétique

rasel

le rasoir

ewyn eillio

la mousse à raser

sent eillio

l'après-rasage

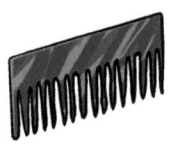

crib

la peigne

brws

la brosse

sychwr gwallt

le sèche-cheveux

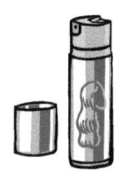

chwistrell gwallt

la laque pour cheveux

colur

le fond de teint

minlliw

le rouge à lèvres

farnais ewinedd

le vernis à ongles

gwlân cotwm

l'ouate

siswrn ewinedd

le coupe-ongles

persawr

le parfum

bag ymolchi

la trousse de toilette

stôl

le tabouret

clorian

le pèse-personne

gŵn baddon

le peignoir

menig rwber

les gants de nettoyage

tampon

le tampon

tywel misglwyf

les serviettes hygiéniques

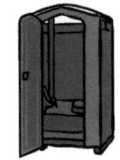

toiled cemegol

la toilette chimique

ystafell plentyn

la chambre d'enfant

cloc larwm
le réveil
tegan anwes
le doudou
car tegan
la voiture jouet
cleciwr
le hochet
tŷ dol
la maison de poupée
anrheg
le cadeau

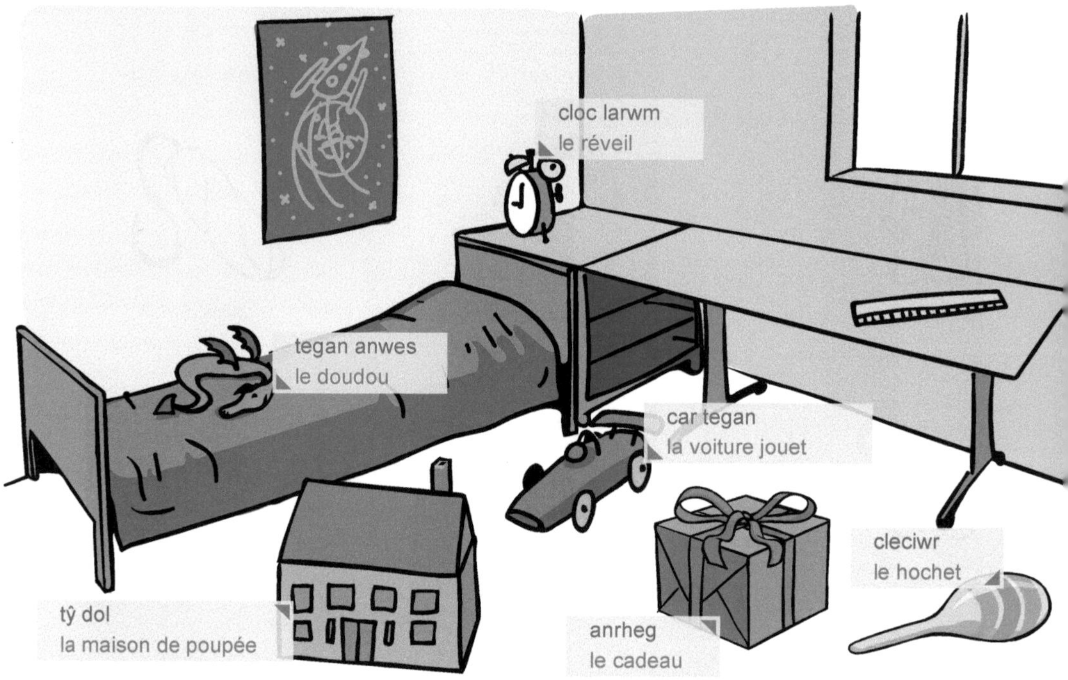

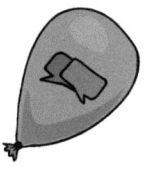

balŵn

le ballon

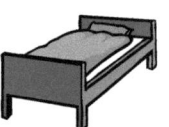

gwely

le lit

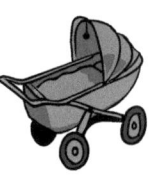

pram

la poussette

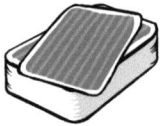

pecyn o gardiau

le jeu de cartes

jig-so

le puzzle

SUPER
MEGA

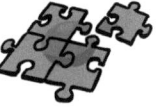

comic

la bande dessinée

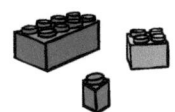

brics Lego

les pièces lego

blociau adeiladu

les blocs de construction

ffigur gweithredu

la figurine

babygro

la grenouillère

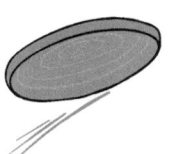

ffrisbi

le frisbee

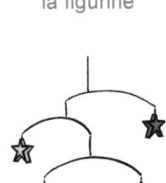

symudyn

le mobile

gêm fwrdd

le jeu de société

deis

le dé

set model trên

le train miniature

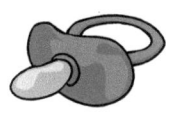

teth lwgu

la sucette

parti

la fête

llyfr lluniau

le livre d'images

pêl

la balle

dol

la poupée

chwarae

jouer

pwll tywod

le bac à sable

swing

la balançoire

teganau

les jouets

consol gemau fideo

la console de jeu

beic tair olwyn

le tricycle

tedi

l'ours en peluche

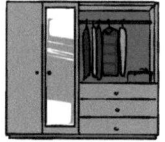

cwpwrdd dillad

l'armoire

dillad

les vêtements

hosanau

les chaussettes

hosanau

les bas

teits

le collant

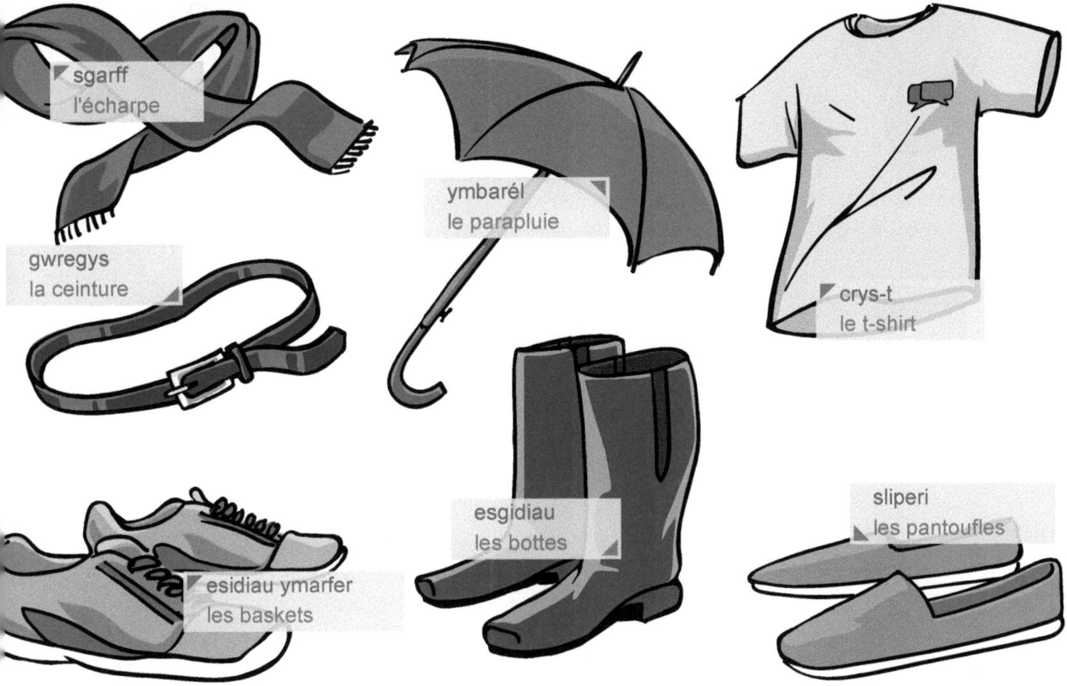

sgarff
l'écharpe

ymbarél
le parapluie

gwregys
la ceinture

crys-t
le t-shirt

esidiau ymarfer
les baskets

esgidiau
les bottes

sliperi
les pantoufles

sandalau
les sandales

esgidiau
les chaussures

esgidiau rwber
les bottes de caoutchouc

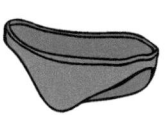

trôns
les sous-vêtements

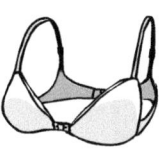

bra
le soutien-gorge

fest
le maillot de corps

dillad - les vêtements

corff

le body

trowsus

le pantalon

jîns

le jean

sgert

la jupe

blows

le chemisier

crys

la chemise

pwlofer

le pull

hwdi

le sweat à capuche

blaser

la veste

siaced

la veste

côt

le manteau

côt law

l'imperméable

gwisg

le costume

gŵn

la robe

gwisg briodas

la robe de mariée

siwt

le costume

gŵn nos

la chemise de nuit

pyjamas

le pyjama

sari

le sari

sgarff pen

le foulard

tyrban

le turban

bwrca

la burqa

cafftan

le caftan

abaya

l'abaya

gwisg nofio

le maillot de bain

trowsus nofio

le maillot de bain

siorts

le short

tracwisg

la tenue d'entraînement

ffedog

le tablier

menig

les gants

botwm

le bouton

sbectol

les lunettes

breichled

le bracelet

cadwyn

le collier

modrwy

la bague

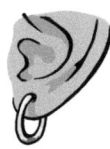

clustdlws

la boucle d'oreille

cap

le bonnet

cambren

le cintre

het

le chapeau

tei

la cravate

sip

la fermeture éclair

helmed

le casque

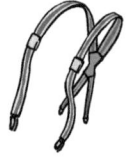

fframiau danedd

les bretelles

gwisg ysgol

l'uniforme scolaire

gwisg

l'uniforme

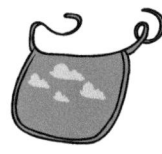

bib

le bavoir

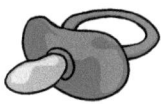

teth lwgu

la sucette

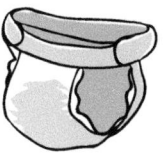

cewyn

la lange

swyddfa

le bureau

gweinydd
le serveur
cwrpwrdd ffeilio
l'armoire d'archivage
argraffydd
l'imprimante
papur
le papier
monitor
l'écran
llygoden
la souris
desg
le bureau
ffolder
le classeur
bysellfwrdd
le clavier
basged papur gwastraff
la corbeille à papier
cyfrifiadur
l'ordinateur
cadair
la chaise

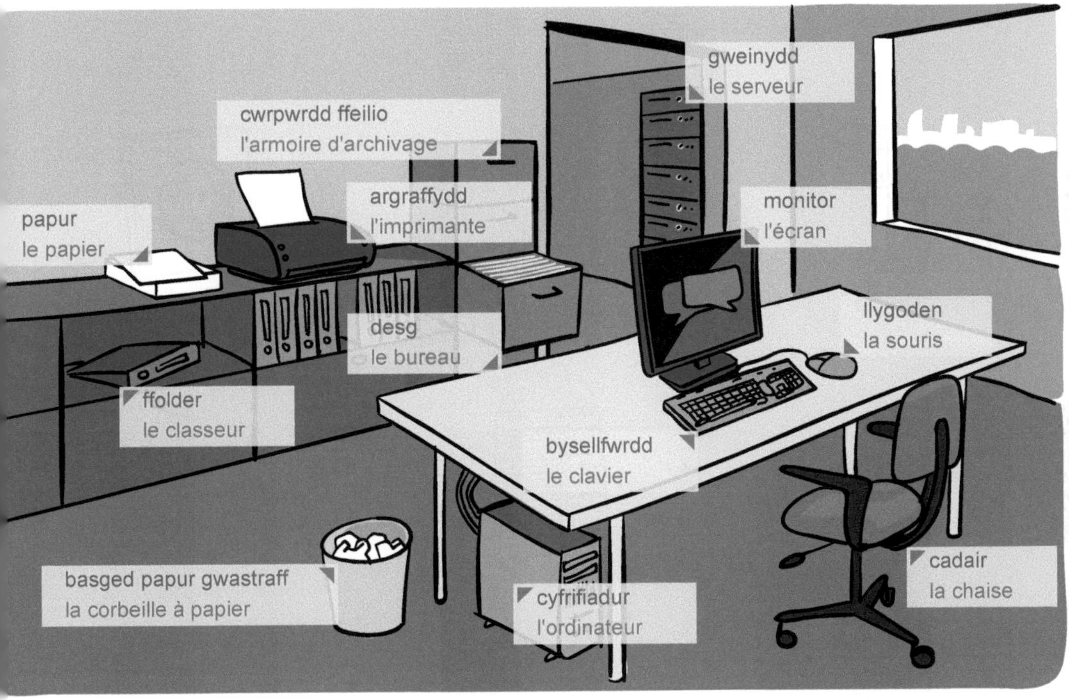

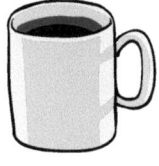

mwg coffi

la tasse de café

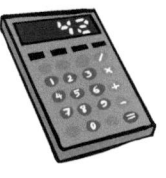

cyfrifiannell

la calculatrice

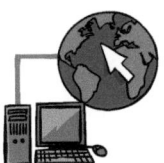

rhyngrwyd

l'internet

gliniadur

l'ordinateur portable

llythyr

la lettre

neges

le message

ffôn symudol

le portable

rhwydwaith

le réseau

llungopïwr

la photocopieuse

meddalwedd

le logiciel

teleffon

le téléphone

soced plwg

la prise

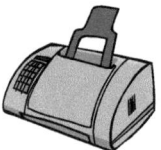

peiriant ffacs

le fax

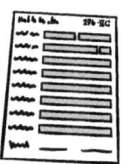

ffurflen

le formulaire

dogfen

le document

prynu

acheter

talu

payer

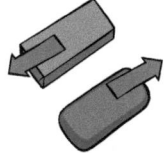

masnachu

faire du commerce

arian

la monnaie

USD

doler

le dollar

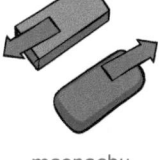 

EUR

ewro

l'euro

JPY

yen

le yen

RUB

rwbl

le rouble

CHF

ffranc y Swistir

le franc suisse

CNY

yuan renminbi

le renminbi yuan

INR

rwpi

la roupie

peiriant arian

le distributeur automatique

swyddfa gyfnewid

le bureau de change

aur

l'or

arian

l'argent

olew

le pétrole

ynni

l'énergie

pris

le prix

contract

le contrat

treth

la taxe

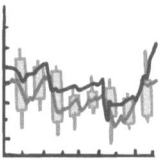

stoc

l'action

gweithio

travailler

cyflogai

l'employé

cyflogwr

l'employeur

ffatri

l'usine

siop

le magasin

swyddi
les professions

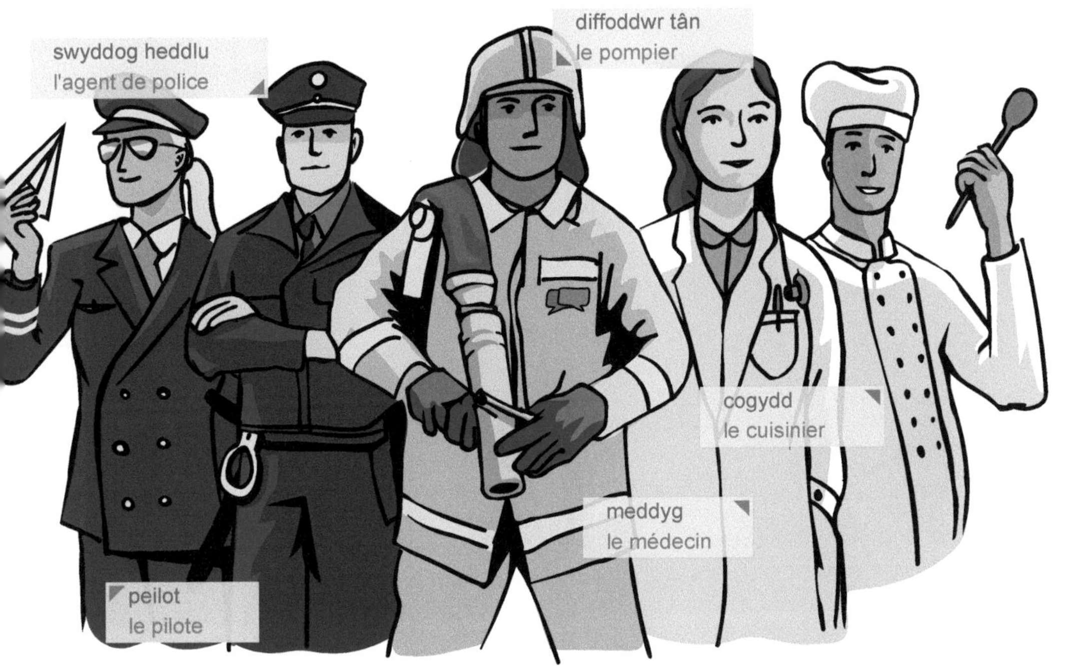
diffoddwr tân
le pompier
swyddog heddlu
l'agent de police
cogydd
le cuisinier
meddyg
le médecin
peilot
le pilote

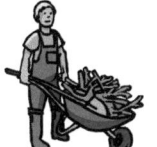

garddwr

le jardinier

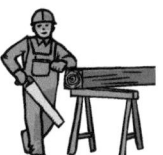

saer

le menuisier

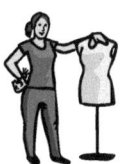

gwniadwraig

la couturière

barnwr

le juge

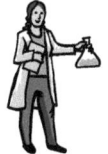

fferyllydd

le chimiste

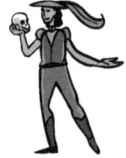

actor

l'acteur

gyrrwr bws

le conducteur de bus

gyrrwr tacsi

le chauffeur de taxi

pysgotwr

le pêcheur

glanhawraig

la femme de ménage

töwr

le couvreur

gweinydd

le serveur

heliwr

le chasseur

paentiwr

le peintre

pobydd

le boulanger

trydanwr

l'électricien

adeiladwr

l'ouvrier

peiriannydd

l'ingénieur

cigydd

le boucher

plymiwr

le plombier

dyn y post

le facteur

milwr

le soldat

pensaer

l'architecte

ariannwr

le caissier

gwerthwr blodau

le fleuriste

triniwr gwallt

le coiffeur

archwiliwr tocynnau
rheilffordd

le contrôleur

mecanydd

le mécanicien

capten

le capitaine

deintydd

le dentiste

gwyddonydd

le scientifique

rabi

le rabbin

imam

l'imam

mynach

le moine

clerigwr

le prêtre

offer
les outils

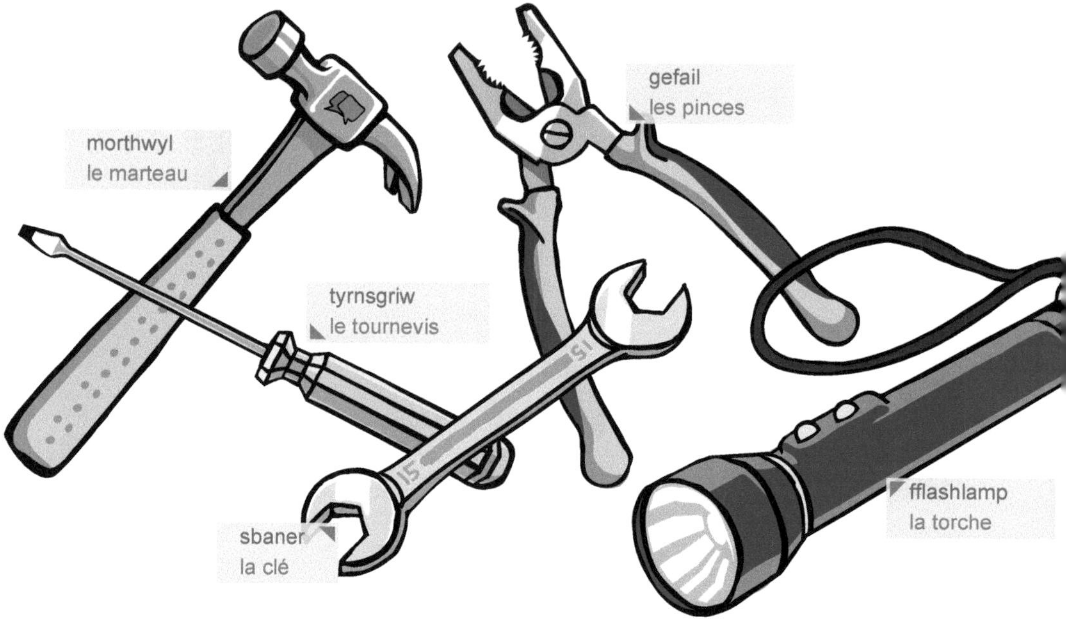
morthwyl
le marteau
gefail
les pinces
tyrnsgriw
le tournevis
sbaner
la clé
fflashlamp
la torche

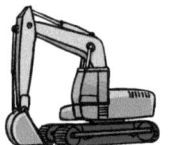

turiwr

la pelleteuse

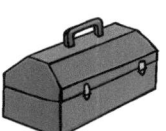

blwch offer

la boîte à outils

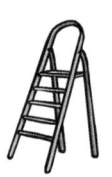

ysgol

l'échelle

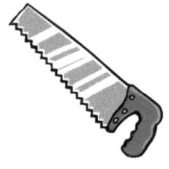

llif

la scie

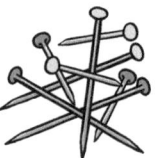

hoelion

les clous

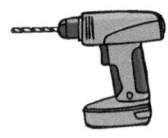

dril

la perceuse

trwsio
------
réparer

rhaw
------
la pelle

Daria!

Mince !

rhaw lwch
------
la pelle

pot paent
------
le pot de peinture

sgriwiau
------
les vis

offerynnau cerdd
les instruments de musique

uchelseinydd
le haut-parleurs

set drymiau
la batterie

bas dwbl
la contrebasse

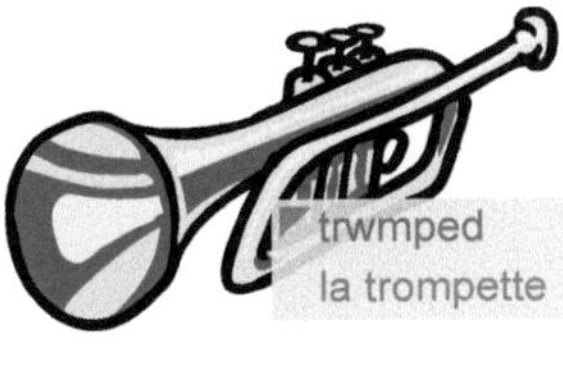

trwmped
la trompette

gitâr
la guitare

piano

le piano

ffidil

le violon

bas

la basse

timpani

les timbales

drymiau

le tambour

cyweirfwrdd

le piano électrique

sacsoffon

le saxophone

ffliwt

la flûte

meicroffon

le microphone

sŵ

le zoo

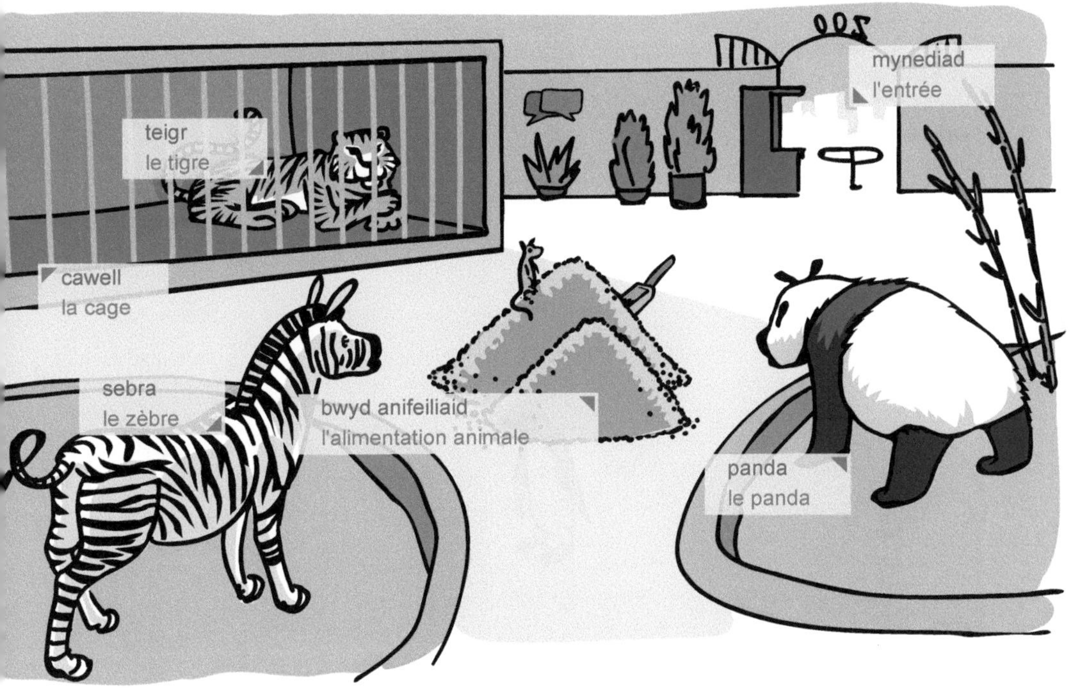

teigr
le tigre
mynediad
l'entrée
cawell
la cage
sebra
le zèbre
bwyd anifeiliaid
l'alimentation animale
panda
le panda

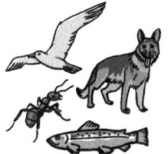

anifeiliaid

les animaux

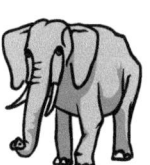

eliffant

l'éléphant

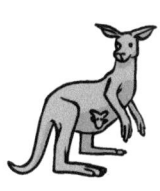

cangarŵ

le kangourou

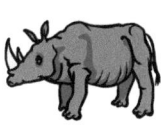

rhinoseros

le rhinocéros

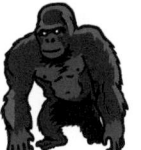

gorila

le gorille

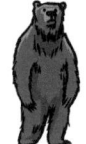

arth

l'ours

camel

le chameau

estrys

l'autruche

llew

le lion

mwnci

le singe

fflamingo

le flamand rose

parot

le perroquet

arth wen

l'ours polaire

pengwin

le pingouin

siarc

le requin

paun

le paon

neidr

le serpent

crocodeil

le crocodile

gofalwr sŵ

le gardien de zoo

morlo

le phoque

jagwar

le jaguar

merlyn

le poney

llewpard

le léopard

hipo

l'hippopotame

jiráff

la girafe

eryr

l'aigle

baedd

le sanglier

pysgodyn

le poisson

crwban

la tortue

walrws

le morse

llwynog

le renard

gafrewig

la gazelle

pêl-droed America
l'american Football

beicio
le cyclisme

tennis
le tennis

pêl-fasged
le basket-ball

nofio
la natation

bocsio
la boxe

hoci iâ
le hockey sur glace

pêl-droed

le football

badminton

le badminton

athletau

l'athlétisme

pêl-law

le handball

sgïo

le ski

polo

le polo

gweithgareddau
les activités

chwerthin
rire
neidio
sauter
cofleidio
embrasser
cerdded
marcher
canu
chanter
breuddwydio
rêver
gweddïo
prier
cusanu
faire la bise

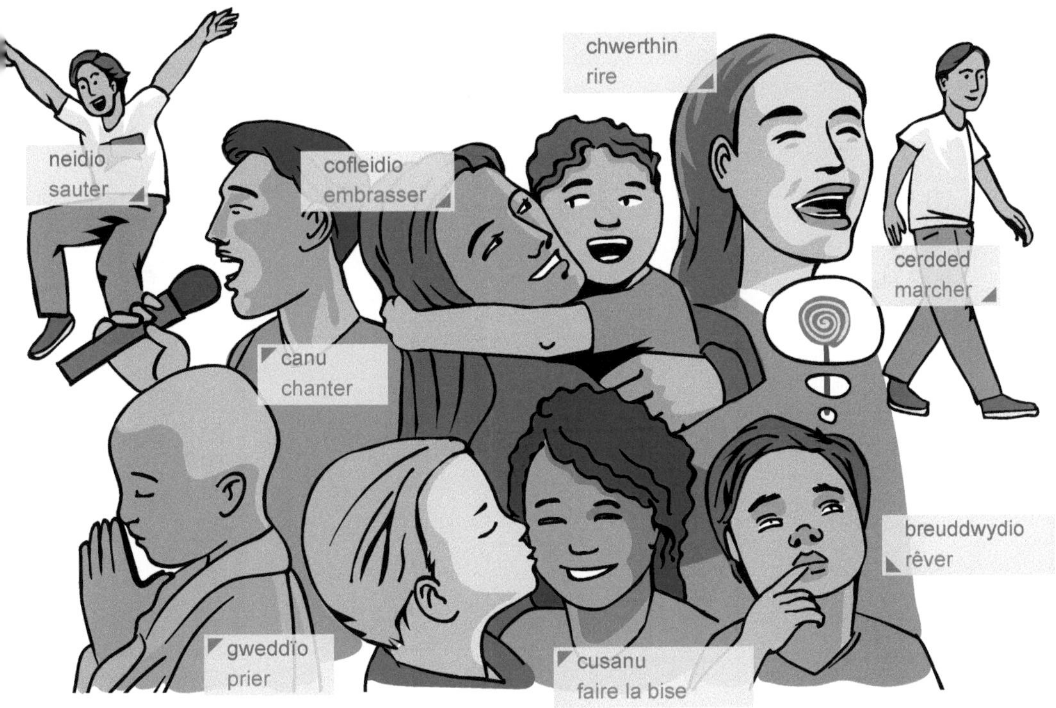

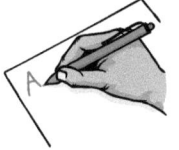

ysgrifennu

écrire

arlunio

dessiner

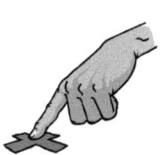

dangos

montrer

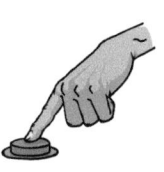

gwthio

pousser

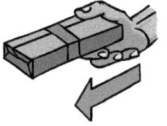

rhoi

donner

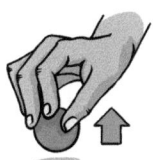

cymryd

prendre

bod gan

avoir

gwneud

faire

bod

être

sefyll

être debout

rhedeg

courir

tynnu

trier

taflu

jeter

disgyn

tomber

gorwedd

être couché

aros

attendre

cario

porter

eistedd

être assis

gwisgo amdanoch

s'habiller

cysgu

dormir

deffro

se réveiller

edrych ar

regarder

crïo

pleurer

anwesu

caresser

cribo

peigner

siarad

parler

deall

comprendre

gofyn

demander

gwrando

écouter

yfed

boire

bwyta

manger

tacluso

ranger

caru

aimer

coginio

cuire

gyrru

conduire

hedfan

voler

hwylio

faire de la voile

cyfrifo

calculer

darllen

lire

dysgu

apprendre

gweithio

travailler

priodi

se marier

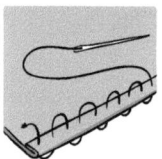

gwnïo

coudre

brwsio dannedd

brosser les dents

lladd

tuer

ysmygu

fumer

anfon

envoyer

ain
grand-mère

taid
le grand-père

tad
le père

mam
la mère

baban
le bébé

merch
la fille

mab
le fils

gwestai

l'hôte

modryb

la tante

ewythr

l'oncle

brawd

le frère

chwaer

la sœur

corff

le corps

talcen
le front
llygad
l'œil
ysgwydd
l'épaule
bys
le doigt
wyneb
le visage
gên
le menton
llaw
la main
bron
la poitrine
coes
la jambe
braich
le bras

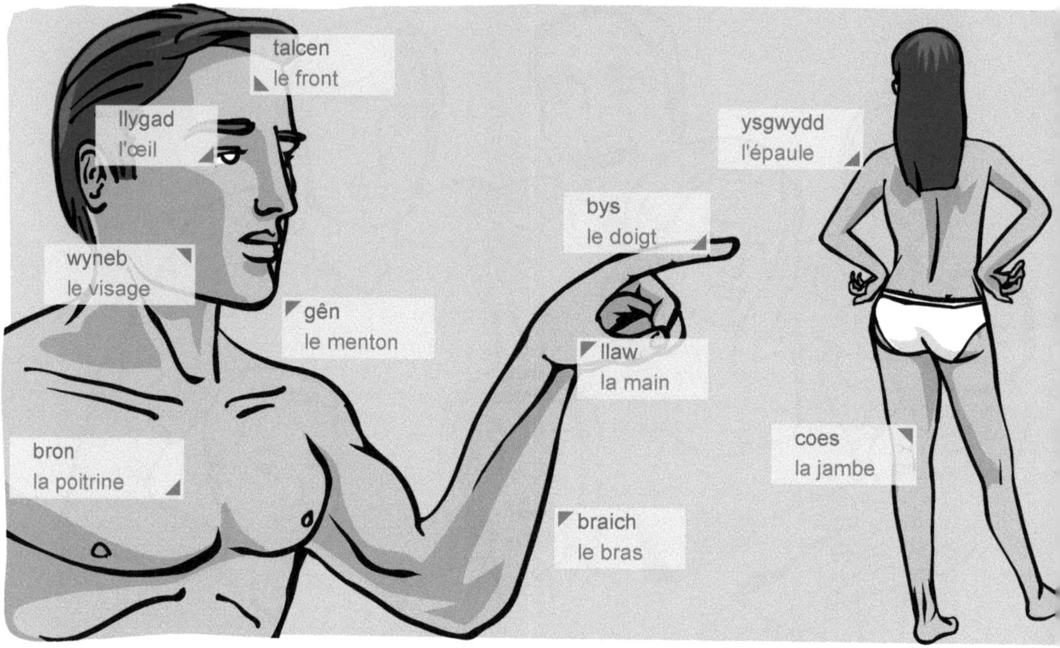

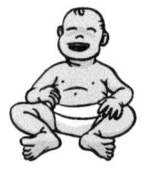

baban
le bébé

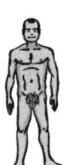

dyn
l'homme

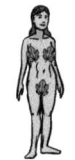

gwraig
la femme

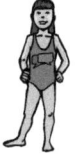

geneth
la fille

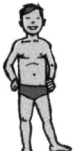

bachgen
le garçon

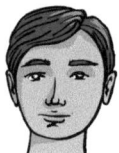

pen
la tête

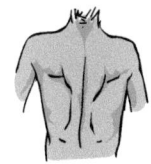

cefn
....
le dos

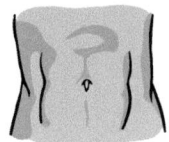

bel
....
le ventre

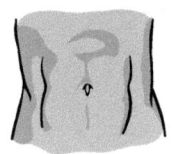

bogail
....
le nombril

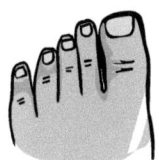

bys troed
....
l'orteil

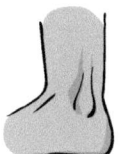

sawdl
....
le talon

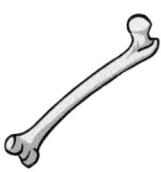

asgwrn
....
l'os

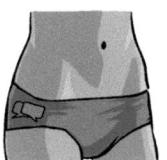

clun
....
la hanche

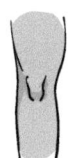

pen-glin
....
le genou

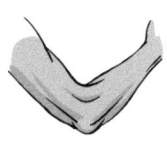

penelin
....
le coude

trwyn
....
le nez

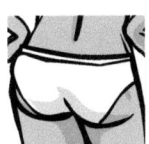

pen ôl
....
les fesses

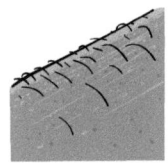

croen
....
la peau

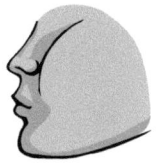

boch
....
la joue

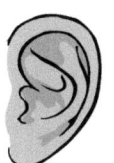

clust
....
l'oreille

gwefus
....
la lèvre

ceg

la bouche

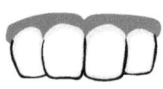

dant

la dent

tafod

la langue

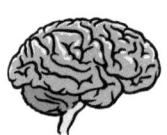

ymennydd

le cerveau

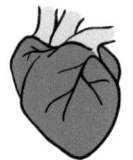

calon

le cœur

cyhyr

le muscle

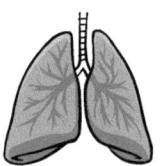

ysgyfaint

les poumons

iau

le foie

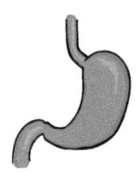

stumog

l'estomac

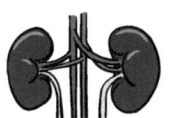

arennau

les reins

rhyw

le rapport sexuel

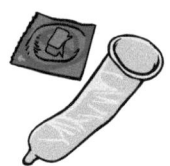

condom

le préservatif

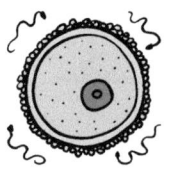

ofwm

l'ovule

semen

le sperme

beichiogrwydd

la grossesse

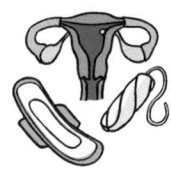

mislif

la menstruation

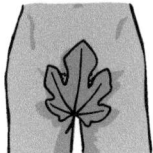

fagina

le vagin

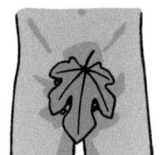

pidyn

le pénis

ael

le sourcil

gwallt

les cheveux

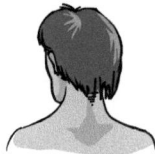

gwddf

le cou

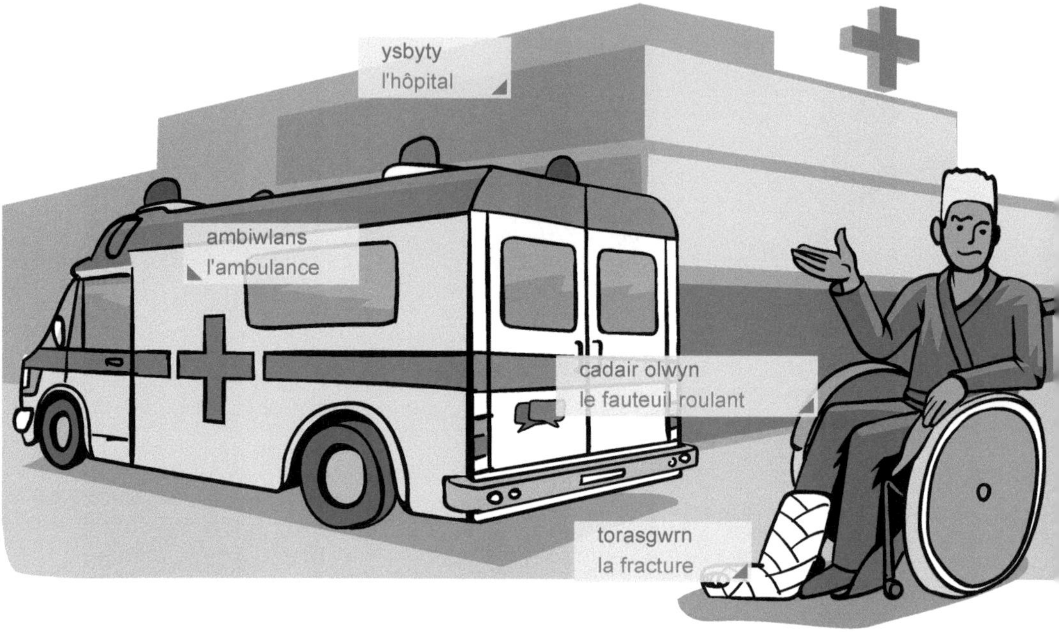

ysbyty
l'hôpital

ambiwlans
l'ambulance

cadair olwyn
le fauteuil roulant

torasgwrn
la fracture

meddyg

le médecin

ystafell argyfwng

le service des urgences

nyrs

l'infirmière

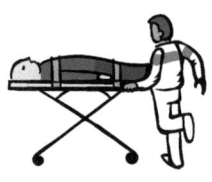

argyfwng

l'urgence

anymwybodol

inconscient

poen

la douleur

anaf

la blessure

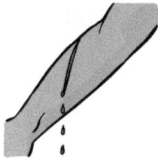

gwaedu

l'hémorragie

trawiad ar y galon

la crise cardiaque

strôc

l'attaque cérébrale

alergedd

l'allergie

peswch

la toux

twymyn

la fièvre

ffliw

la grippe

dolur rhydd

la diarrhée

cur pen

le mal de tête

canser

le cancer

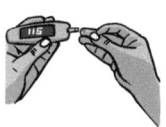

diabetes

le diabète

llawfeddyg

le chirurgien

fflaim

le scalpel

gweithrediad

l'opération

ysbyty - l'hôpital

73

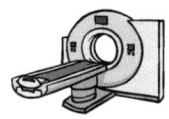

CT
le CT

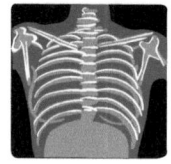

pelydr-x
la radiographie

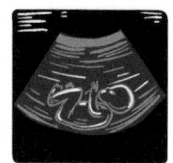

uwchsain
l'échographie

mwgwd wyneb
le masque

clefyd
la maladie

ystafell aros
la salle d'attente

bagl
la béquille

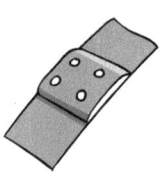

plastr
le pansement

rhwymyn
le pansement

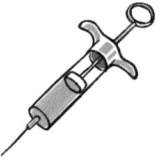

pigiad
l'injection

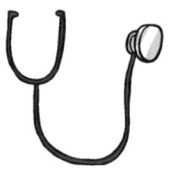

stethosgop
le stéthoscope

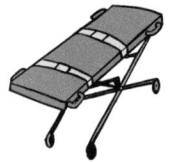

elorwely
le brancard

thermomedr clinigol
le thermomètre

genedigaeth
l'accouchement

dros bwysau
la surcharge pondérale

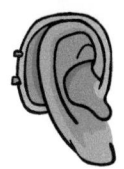

cymorth clyw

l'appareil auditif

diheintydd

le désinfectant

haint

l'infection

firws

le virus

HIV / AIDS

le VIH / le sida

meddygaeth

le médicament

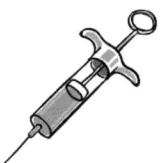

brechiad

la vaccination

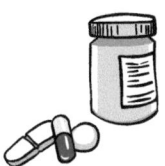

tabledi

les comprimés

y bilsen

la pilule

galwad frys

l'appel d'urgence

monitor pwysau gwaed

le tensiomètre

yn sâl / yn iach

malade / sain

Help!

Au secours !

larwm

l'alarme

ymosodiad

l'assaut

ymosodiad

l'attaque

perygl

le danger

allanfa argyfwng

la sortie de secours

Tân!

Au feu!

diffoddwr tân

l'extincteur

damwain

l'accident

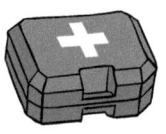

pecyn cymorth cyntaf

la trousse de premier
secours

SOS

SOS

heddlu

la police

Ewrop

l'Europe

Gogledd America

l'Amérique du Nord

De America

l'Amérique du Sud

Affrica

l'Afrique

Asia

l'Asie

Awstralia

l'Australie

Iwerydd

l'Océan atlantique

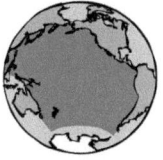

y Môr Tawel

l'Océan pacifique

Cefnfor yr India

l'Océan indien

Cefnfor yr Antarctig

l'Océan antarctique

Cefnfor yr Arctig

l'Océan arctique

Pegwn y Gogledd

le Pôle nord

Pegwn y De

le Pôle sud

Antarctica

l'Antarctique

y Ddaear

la terre

tir

le pays

môr

la mer

ynys

l'île

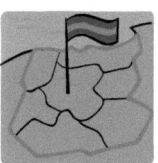

cenedl

la nation

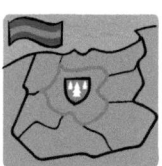

gwladwriaeth

l'état

wyneb cloc

le cadran

bys awr

l'aiguille des heures

bys munud

l'aiguille des minutes

bys eiliad

l'aiguille des secondes

Faint o'r gloch yw hi?

Quelle heure est-il ?

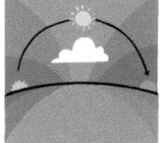

dydd

le jour

amser

le temps

yn awr

maintenant

cloc digidol

la montre digitale

munud

la minute

awr

l'heure

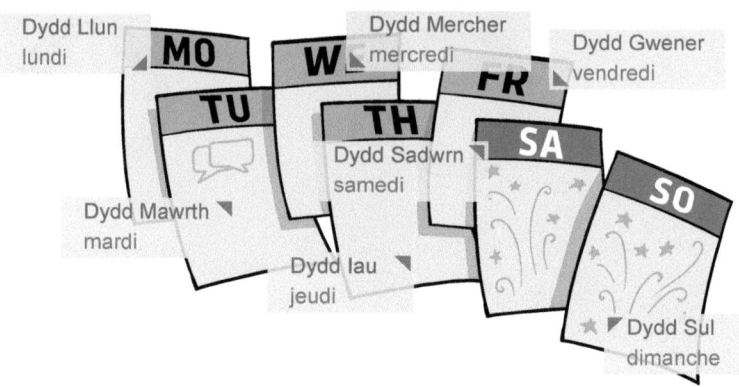

Dydd Llun
lundi

Dydd Mercher
mercredi

Dydd Gwener
vendredi

Dydd Sadwrn
samedi

Dydd Mawrth
mardi

Dydd Iau
jeudi

Dydd Sul
dimanche

ddoe

hier

heddiw

aujourd'hui

yfory

demain

bore

le matin

canol dydd

le midi

noswaith

le soir

MO	TU	WE	TH	FR	SA	SU
1	2	3	4	5	6	7
8	9	10	11	12	13	14
15	16	17	18	19	20	21
22	23	24	25	26	27	28
29	30	31	1	2	3	4

diwrnodiau busnes

les jours ouvrables

MO	TU	WE	TH	FR	SA	SU
1	2	3	4	5	6	7
8	9	10	11	12	13	14
15	16	17	18	19	20	21
22	23	24	25	26	27	28
29	30	31	1	2	3	4

penwythnos

le week-end

blwyddyn
l'année

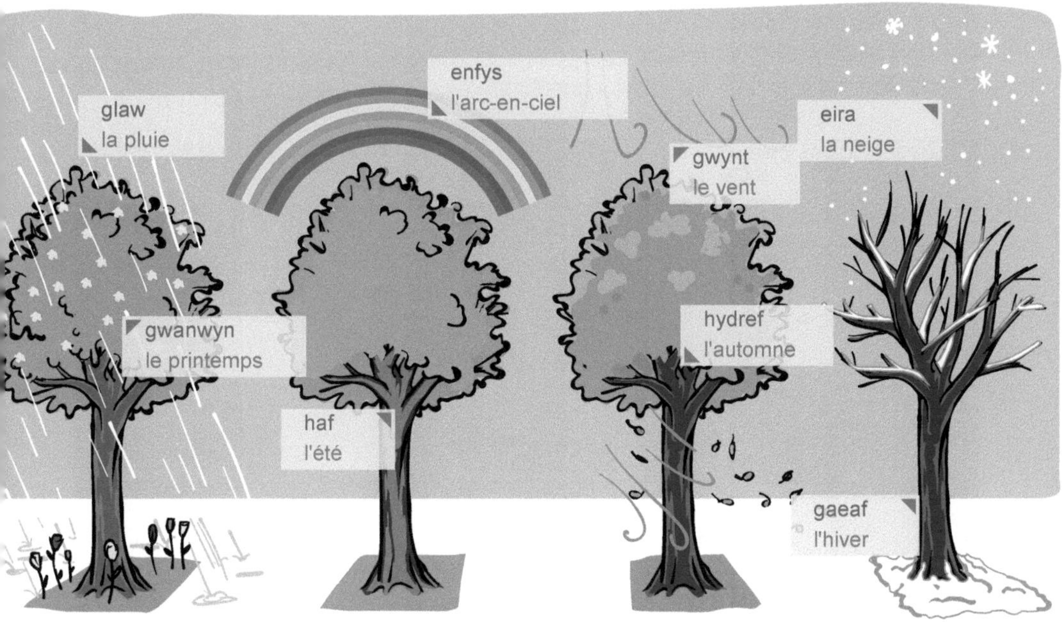
enfys
l'arc-en-ciel
glaw
la pluie
eira
la neige
gwynt
le vent
gwanwyn
le printemps
hydref
l'automne
haf
l'été
gaeaf
l'hiver

4.APRIL 11°
5.APRIL 4°
6.APRIL 13°
7.APRIL 8°
8.APRIL 10°

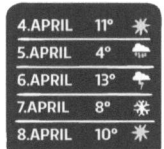

rhagolygon y tywydd

la météo

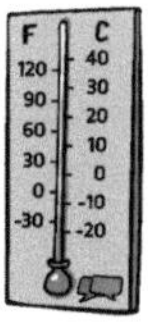
F C
120 40
90 30
60 20
30 10
0 0
-30 -10
-20

thermomedr

le thermomètre

heulwen

la lumière du soleil

cwmwl

le nuage

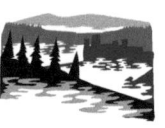

niwl tew

le brouillard

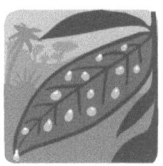

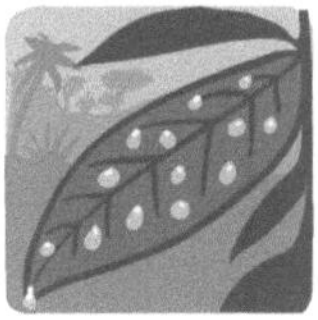

lleithder

l'humidité

mellt

la foudre

taranau

la tonnerre

storm

la tempête

cenllysg

la grêle

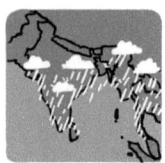

monsŵn

la mousson

llif

l'inondation

iâ

la glace

Ionawr

janvier

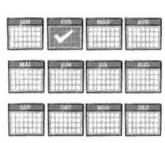

Chwefror

février

Mawrth

mars

Ebrill

avril

Mai

mai

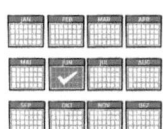

Mehefin

juin

Gorffennaf

juillet

Awst

août

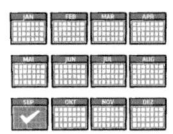

Medi
....
septembre

Hydref
....
octobre

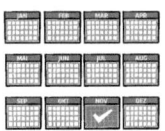

Tachwedd
....
novembre

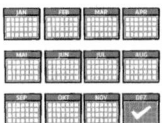

Rhagfyr
....
décembre

siapiau
les formes

cylch
....
le cercle

sgwâr
....
le carré

petryal
....
le rectangle

triongl
....
le triangle

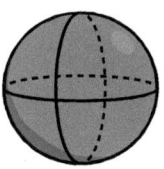

sffêr
....
la sphère

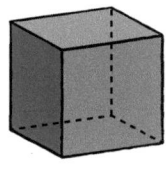

ciwb
....
le cube

Iliwiau

les couleurs

gwyn

blanc

melyn

jaune

oren

orange

pinc

rose

coch

rouge

porffor

violet

glas

bleu

gwyrdd

vert

brown

marron

llwyd

gris

du

noir

llawer / ychydig

beaucoup / peu

dig / tawel

fâché / calme

hardd / hyll

joli / laid

dechrau / diwedd

le début / la fin

mawr / bach

grand / petit

llachar / tywyll

clair / obscure

brawd / chwaer

frère / soeur

glân / budr

propre / sale

gyflawn / anghyflawn

complet / incomplet

dydd / nos

le jour / la nuit

farw / yn fyw

mort / vivant

llydan / cul

large / étroit

bwytadwy / anfwytadwy

comestible / incomestible

drwg / caredig

méchant / gentil

llawn cyffro / diflasu

excité / ennuyé

tew / tenau

gros / mince

cyntaf / olaf

le premier / le dernier

cyfaill / gelyn

l'ami / l'ennemi

llawn / gwag

plein / vide

caled / meddal

dur / souple

trwm / ysgafn

lourd / léger

wedi newynnu / yn sychedig

faim / soif

yn sâl / yn iach

malade / sain

anghyfreithlon / cyfreithiol

illégal / légal

deallus / twp

intelligent / stupide

chwith / dde

gauche / droite

agos / pell

proche / loin

ewydd / wedi'i ddefnyddio

nouveau / usé

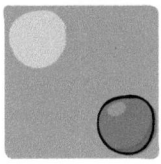

dim / rhywbeth

rien / quelque chose

hen / ifanc

vieux / jeune

ymlaen / i ffwrdd

marche / arrêt

ar agor / ar gau

ouvert / fermé

tawel / uchel

faible / fort

cyfoethog / tlawd

riche / pauvre

cywir / anghywir

correct / incorrect

garw / llyfn

rugueux / lisse

trist / hapus

triste / heureux

byr / hir

court / long

araf / cyflym

lent / rapide

gwlyb / sych

mouillé / sec

cynnes / claear

chaud / froid

rhyfel / heddwch

la guerre / la paix

les nombres

0

sero

zéro

1

un

un / une

2

dau

deux

3

tri

trois

4

pedwar

quatre

5

pump

cinq

6

chwech

six

7

saith

sept

8

wyth

huit

9

naw

neuf

10

deg

dix

11

un deg un

onze

12
un deg dau
douze

13
un deg tri
treize

14
un deg pedwar
quatorze

15
un deg pump
quinze

16
un deg chwech
seize

17
un deg saith
dix-sept

18
un deg wyth
dix-huit

19
un deg naw
dix-neuf

20
dau ddeg
vingt

100
cant
cent

1.000
mil
mille

1.000.000
miliwn
le million

les langues

Saesneg

l'anglais

Saesneg America

l'anglais américain

Tsieinëeg Mandarin

le chinois mandarin

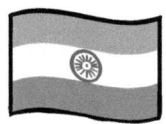

Hindi

le hindi

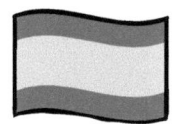

Sbaeneg

l'espagnol

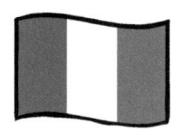

Ffrangeg

le français

Arabeg

l'arabe

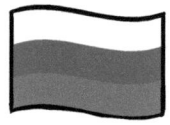

Rwseg

le russe

Portiwgaleg

le portugais

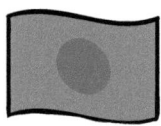

Bengali

le bengali

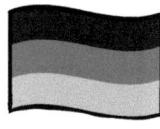

Almaeneg

l'allemand

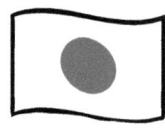

Siapanaeg

le japonais

fi
....
je

ti
....
tu

ef / hi
....
il / elle / ce, c', cela

ni
....
nous

chi
....
vous

nhw
....
ils / elles

pwy?
....
Qui ?

beth?
....
Quoi ?

sut?
....
Comment ?

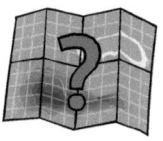

ble?
....
Où ?

pryd?
....
Quand ?

enw
....
le nom

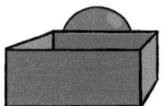

y tu ôl i

derrière

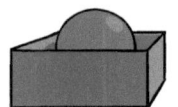

yn / yng / ym / mewn

dans

o flaen

devant

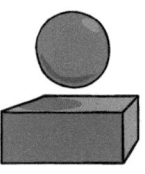

dros

au-dessus

ar

sur

dan

en-dessous

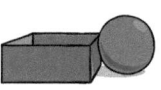

wrth ochr

à côté de

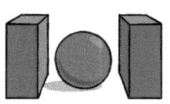

rhwng

entre

lle

le lieu